Schirner
Verlag

Gaby Shayana Hoffmann

Das kleine feine Buch der Engel

Inspirierende Botschaften für Herz und Seele

Schirner Verlag

ISBN Printausgabe 978-3-8434-5089-8
ISBN E-Book 978-3-8434-6163-4

Gaby Shayana Hoffmann
Das kleine feine Buch der Engel
Inspirierende Botschaften für Herz und Seele
© 2014 Schirner Verlag,
Darmstadt

Umschlag: Arne Gutowski, Schirner
Illustrationen: Gaby Shayana Hoffmann
Satz & Redaktion: Kerstin Noack, Schirner
Printed by: Ren Medien GmbH,
Germany

www.schirner.com

2. Auflage Februar 2015

Inhalt

Vorwort

Solange ich mich erinnern kann, sind Engel und andere himmlische Wesen etwas ganz Natürliches für mich. Ich kann dabei nicht behaupten, dass ich besonders religiös erzogen wurde oder dass in unserer Familie besonderen Wert darauf gelegt wurde, sich mit diesen Themen zu beschäftigen – eher das Gegenteil war der Fall. Trotzdem begleiteten mich dieser Kontakt, das starke liebevolle Gefühl und die Freude daran, Engel wahrzunehmen und mit ihnen zu kommunizieren, von Kindesbeinen an. Ich fand das nicht außergewöhnlich. Eher wunderte ich mich darüber, dass andere Menschen nicht auch mit ihren Engeln redeten und spielten.

Meine Wahrnehmung war – wie bei den meisten Kindern – noch ganz wach, noch verbunden mit der Geistigen Welt und ich erinnerte mich daran, was für ein heimisches Gefühl von den Engeln ausging. Ein Gefühl von Zuhause, so, als ob man sich in dieses Gefühl hineinkuscheln könnte. Genau dieses Gefühl der Nähe und Vertrautheit, das Gefühl, dass Engel seit jeher bei uns sind, gesandt aus der göttlichen Quelle allen Seins, als unsere liebevollen Begleiter und besten Freunde, möchte ich wieder IN DIR, liebe Leserin und lieber Leser, wachrufen.

Engel sind immer bei uns – und nicht nur bei einigen von uns, sondern bei uns allen! Sie sind lichtvolle Wesen, die uns bedingungslos lieben und deren Aufgabe es ist, uns bei all unseren Lernprozessen und bei unseren Lebensaufgaben zu unterstützen. Sie sind voller Verständnis und Humor.

Sie möchten DICH daran erinnern, dass du ein einzigartiges und wundervolles Wesen bist, das aus der Quelle allen Seins, der Quelle der wahren Liebe stammt.

Engel möchten nicht angebetet oder auf ein Podest gestellt werden. Sie möchten sich nicht über dich erheben. Sie sind göttliche Geschöpfe wie du. Allein ihr Daseinszweck unterscheidet sich von deinem.

Vielleicht kann ich mit diesem kleinen feinen Büchlein dazu beitragen, dass du dich deinen Engeln wieder vermehrt zuwendest und dich mit ihnen beschäftigst. Vielleicht spürst du die Herzensliebe, die von ihnen ausgeht und dir in jedem Augenblick entgegenströmt. Vielleicht werden dir sogar ein paar Ängste genommen oder Fragen beantwortet. Die Engel und ich freuen uns über jedes offene Herz, das sich wieder erinnern möchte.

Wie bei allem, was du liest oder hörst, bitte ich dich, dir all das, was sich IN DEINEM Innersten richtig anfühlt, in dein Herz zu holen und all jenes, was für dich nicht stimmig ist, einfach beiseite zu lassen. Ich gebe hier meine

Wahrnehmung des Lebens wieder, ohne andere Wahrheiten oder Erfahrungen damit infrage stellen zu wollen.

Ich lade dich herzlich dazu ein, mit mir auf diese kleine, aber intensive Reise zu den Engeln zu gehen. Komm, nimm meine Hand …

Deine Shayana

Auf zum Interview

Als die Idee zu diesem Buch entstand, überlegte ich mir, wie die Inhalte wohl am besten präsentiert werden könnten. Was lag da näher, als mich gleich mit meinen Engeln dazu auszutauschen? Gesagt, getan! Die Anregung meiner Engel, sich zu einem inspirierenden »Interview« zu treffen, stieß bei mir sofort auf Begeisterung. Mal etwas ganz anderes, ja, warum eigentlich nicht? Das gefiel mir wirklich außerordentlich gut!

Ich könnte die Engel dabei alles fragen, von dem ich das Gefühl hätte, dass meine Leser gerne mehr darüber erfahren würden. Unkompliziert sollte es sein, bodenständig, einfach und klar. Ohne großes »Tamtam«, mit Engeln zum »Anfassen«, die durchaus mit unserem Alltag vereinbar sind. Und mit Inhalten, bei denen man sich wohlfühlt und die direkt ins Herz gehen.

Was für eine schöne Idee! Und für mich als Autorin genauso spannend wie für die Leser, die sich in das Reich der Engel entführen lassen möchten.

Also lassen wir uns überraschen, was mein Gespräch mit den Engeln mit sich bringt …

Ein Wohlfühlort fürs Interview

Ich nehme mehrere tiefe Atemzüge und komme zur Ruhe. Ich bitte meine Engel, mich zu führen und gemeinsam mit mir dieses Buch zu erschaffen. Ich konzentriere mich auf mein Herz, denn Engel kommunizieren über die Herzebene mit uns. Ich atme tief in mein Herz hinein und dehne das Herzzentrum dabei immer weiter aus. Dann überlege ich, wo ich mich mit meinen Engeln treffen möchte. Hm, vielleicht in einem schönen kristallenen Palast auf einer kleinen Anhöhe, mit zauberhaften Klängen und …

… unvermittelt werde ich in meiner Vorstellung unterbrochen und spüre eine sanfte Berührung an meinem Arm.

Ich blicke nach rechts und sehe Ben, meinen Schutzengel. Er lächelt mich an und meint:
»Shayana, erinnerst du dich? Wir wollten den Menschen die Engel in diesem Buch doch etwas weniger entrückt und dafür etwas alltagstauglicher näherbringen. Was hältst du davon, wenn wir uns da eher auf irdischem Terrain treffen, an einem Ort, der für jeden nachvollziehbar ist?«

Hoppla, er hat natürlich recht, ich habe mich dazu hinreißen lassen, einen wunderschönen, himmlischen Ort für unser Interview zu erschaffen, der aber eigentlich gar nicht nötig ist. Also überlege ich, wo ich mich sonst ungezwungen mit Freunden verabrede. Mir fällt ein wunderschöner Park ein, in dem es ganz zauberhafte Plätze gibt. Also gut, den nehmen wir!

Ich atme wieder ein paar Mal tief ein und aus und stelle mir dabei einen angenehm warmen Frühlingstag vor: Die Sonne scheint, und die Natur erblüht in allen Farben. Ich fühle mich richtig wohl, suche mir ein Plätzchen in der Nähe eines großen Baumes und setze mich in das Gras. Ich spür den Wind auf meiner Haut und schließe meine Augen. Die Vögel zwitschern fröhlich über mir und der süße Duft des Frühlings lässt ein tiefes Wohlgefühl in mir aufkommen.

Als ich in meiner Vorstellung die Augen öffne, sehe ich Ben, der sich gerade neben mir auf das weiche Gras niederlässt. »Gefällt es dir hier besser?«, frage ich ihn. »Oh ja, das ist genau das Richtige: ein Platz zum Wohlfühlen für ein inspirierendes Gespräch«, meint Ben.

Ihr wundert euch vielleicht – ein Schutzengel der »Ben« heißt? Das klingt so gar nicht nach einem Engel, oder? Als ich damals anfing, mich näher mit meinem Schutzengel zu beschäftigen, fragte ich ihn natürlich nach seinem Namen. Er erklärte mir damals, dass Namen in den Engelsphären im Grunde nicht so eine starke Bedeutung hätten wie bei uns auf der Erde:

»Wir erkennen uns gegenseitig an unserer Energie, denn jeder von uns hat eine einzigartige Ausstrahlung. Namen nutzen wir oft nur in der Interaktion mit euch Menschen. Du kannst dir also überlegen, ob ich dir einen Namen für mich nennen soll oder ob du mir selbst einen geben möchtest. Beides ist absolut in Ordnung.«

Mir fiel spontan »Ben« ein. Ich hatte bis dahin keine Beziehung zu diesem Namen, doch er klang für mich vertrauensvoll, weich und warm. Ein Name, der Liebe ausstrahlte. Und irgendwie sah mein Engel eben wie »ein Ben« aus! Da ich ohne Vater aufgewachsen bin und mir immer eine männliche Bezugsperson gewünscht habe, fühlte sich ein männlicher Name für mich sehr passend an.

Da fällt mir glatt die erste Frage ein, die ich Ben stellen möchte. Übrigens: Vieles von dem, was ich ihn stellvertretend für euch alle fragen will, hat er mir schon einmal erklärt. Ich frage ihn noch einmal, damit wir es anschließend alle hier nachlesen können:

Wie sehen Engel aus?

Wenn ich Ben vor meinem inneren Auge sehe, dann sehe ich in der Regel einen jungen Mann im Alter von vielleicht Anfang dreißig. Er hat mittellange, leicht gewellte, blonde Haare, eine große, sehr schlanke, fast androgyne Gestalt – und er hat definitiv KEINE Flügel. Er sieht eigentlich ganz »normal« aus, wie ein Mensch. Wäre da nicht diese außergewöhnliche Ausstrahlung!

Wenn er in meiner Nähe ist, habe ich ständig ein ganz warmes, weiches Gefühl im Herzen. Nein, kein verliebtes Gefühl, kein Herzklopfen, eher so, als ob man von einem liebenden Wesen in eine warme, unendlich weiche Decke gehüllt und umsorgt wird. In seinen Augen ist immer ein liebevolles und verschmitztes Funkeln zu sehen. Ja, mit seinen Augen schaut er mir direkt in meine Seele. Ich versuche schon lange nicht mehr, Ausreden zu erfinden, wenn ich mit ihm spreche, denn er weiß eh immer ganz genau, was los ist. Tatsächlich gibt es da kein Verstecken, dafür kennt er mich einfach zu gut.

Aber nun zu meiner Frage:

»Es gibt so viele Bildnisse von Engeln, Ben. Viele haben Flügel, manche sind eher verschwommen dargestellt, manche auch wieder sehr figürlich, andere sehen aus wie wir Menschen, so, wie du gerade. Aber wie seht ihr denn nun wirklich aus? Die meisten Menschen können euch ja nicht sehen. Manchmal spüren wir euch oder wir fühlen in unserem Herzen, dass ihr da seid, aber wie können wir uns euch denn nun vorstellen?«

»Wie ihr wollt!«, erwidert Ben fröhlich.

»Wir Engel sind ja keine Wesen mit einem physischen, feststofflichen Körper, was bedeutet, dass wir im Grunde aus reiner Energie bestehen. Wir sind Energiewesen, die ihre Gestalt je nach Bedürfnis unseres Gegenübers verändern können. Es gibt so viele unterschiedliche Bildnisse von uns in eurer Welt, weil es so viele unterschiedliche Menschen gibt! Nicht jeder fühlt sich mit einem Engel wohl, der aussieht wie der Nachbar von gegenüber«, sagt er und zwinkert mir zu.

»Ich gebe mir in deiner Nähe beispielsweise diese Menschengestalt, weil ich DIR damit viel näher sein kann und du eher mit mir sprichst und mir zuhörst, als wenn ich dir als riesengroßer Engel mit Flügeln erscheinen würde. Du brauchst dieses Gefühl von Unmittelbarkeit. Genauso gibt es Menschen, die einen lichtvollen Engel mit ausladenden Flügeln benötigen, um überhaupt einmal auf ihn aufmerksam zu werden. Jeder so, wie es für ihn oder sie am besten ist.«

Um mir das Ganze noch besser zu veranschaulichen, verändert Ben auf einmal seine Gestalt. Seine Statur wird immer größer und imposanter, seine Jeans und sein buntes T-Shirt weichen einem weißen, wallenden Gewand und es wachsen ihm breite, flauschige Flügel aus dem Rücken. Er wird so groß, dass er sogar einen der großen Bäume im Park locker überragt! Ich hebe meinen Kopf immer weiter nach oben und staune Bauklötze über den wirklich eindrucksvollen Engel, der nun über mir schwebt. Sanft lächelnd schaut Ben auf mich herab.

»Möchtest du lieber mit diesem Engel dein Interview führen?« Ich sehe beeindruckt nach oben.

»Ähm, wenn es möglich ist, vielleicht eher nicht?«, frage ich zögerlich.

So schnell der große Engel gerade vor mir erschienen ist, so schnell schrumpft er nun wieder. Doch halt, was passiert denn jetzt? Er verwandelt sich nicht in seine gewohnte Gestalt zurück, sondern wird noch kleiner und sieht nun aus wie einer dieser kleinen, dicken »Putten-Amor-Engel«! Oh Schreck!

»BEN«, rufe ich, »oh, bitte nicht so, du weißt, dass ich solche Engelfiguren gar nicht mag«, und muss lachen, weil er die ganze Zeit um meinen Kopf herumfliegt, um mich zu necken.

Engel lieben es, uns zum Lachen zu bringen, und Ben und ich haben wahrlich unseren eigenen Humor!

»Also gut, dann vielleicht eher das …«

Ben macht mich neugierig, und erneut werde ich Zeuge seiner körperlichen Transformation. Obwohl man diesmal nicht wirklich von »körperlich« sprechen kann, denn nun sehe ich ein strahlendes Energiewesen vor mir, dessen Umrisse ich kaum erkennen kann. Es leuchtet in allen möglichen Farben und ist von einer riesigen Lichtaura umgeben. Eine unglaubliche Liebeswelle erfasst mich und ich fühle mich in jeder Faser meines Seins ergriffen und zutiefst berührt. Seine Erscheinung ist mit nichts vergleichbar, was ich jemals mit meinen irdischen Augen gesehen habe. Mir wird einmal mehr bewusst, dass Ben so viel mehr ist als das Wesen, das mir immer in menschlicher Gestalt erscheint.

Es dauert nur einen Moment, dann verwandelt sich mein Engel wieder in »meinen« Ben, schwebt langsam herab und setzt sich mir gegenüber.

»Ah da bist du ja endlich wieder«, strahle ich ihn an.
»So mag ich dich am liebsten!«

»Ich weiß«, lächelt Ben.
»Aber du siehst, es gibt sehr viele Möglichkeiten, wie Menschen uns wahrnehmen können. Jedes Engelbildnis, das ihr euch anschaut, bringt euch mit der Engelwelt in Kontakt, ganz egal, wie es aussieht. Daher spielt es im Grunde auch keine Rolle, wie ihr uns darstellt. Du selbst gestaltest die Engel ja auch gerne mit Flügeln und figürlich, wenn du deine Kunstwerke erschaffst.

Das ist deine künstlerische Freiheit und das, was du so liebst, auch wenn du die Flügel im direkten Kontakt mit mir nicht unbedingt brauchst!«

Ben pustet mir eine weiße Feder zu, die von seinen Flügeln übrig geblieben ist, und ich fange sie kichernd auf. »Ah ich weiß, eines der Engelzeichen, mit denen ihr euch gerne bemerkbar macht, oder …?«

»Ja, Shayana, so ist es«, nickt Ben, »wir lieben es, euch kleine Zeichen zukommen zu lassen und euch dann zu beobachten, wenn ihr sie entdeckt, darüber staunt und euch ganz leise fragt, ob das von euren Engeln ist.«

»Wirklich eine schöne Möglichkeit, auf die Engel aufmerksam zu werden«, denke ich. »Aber eigentlich wollte ich mit meinen Fragen ganz am Anfang beginnen – ich versuche in unser Gespräch ein wenig Struktur hineinzubringen.«

»Am Anfang war das Licht …«, beginnt Ben mit feierlicher Stimme.

»Nein, das meine ich doch gar nicht«, ich verdrehe die Augen.

»Weiß ich doch«, meint Ben und kugelt sich vor Lachen. Oh Mann, was habe ich doch für einen albernen

Schutzengel! Aber ich liebe ihn genau so: scherzhaft, ein bisschen verrückt und doch auch manchmal ernst und eindringlich. Er weiß einfach genau, womit er mich faszinieren kann und wie er am besten auf sich aufmerksam macht.

Ich versuche, meine Frage zu konkretisieren:

Sind Engel seit unserer Geburt bei uns?

»Was kannst du uns darüber erzählen, Ben? Seid ihr, unsere Schutzengel, seit unserer Geburt bei uns und werdet ihr bei uns bleiben bis wir sterben?«

Ben nimmt meine Hände in seine.
»Ja, Liebes, eure engsten Begleitengel, die ihr Schutzengel nennt, sind immer bei euch. Und das nicht erst vom Tage eurer Geburt an, sondern auch schon vorher.«

»Du sprichst von verschiedenen Leben, also unterschiedlichen Inkarnationen?«, frage ich.

»So ungefähr«, antwortet Ben.
»Schau, euer eigentliches Wesen besteht aus Licht, es ist eure Seele, die sich immer wieder neue Leben aussucht, um zu lernen und zu wachsen. In der Zeit zwischen zwei Leben, zwischen zwei Übergängen, die ihr Tod und Geburt nennt, seid ihr in der feinstofflichen, geistigen Welt ebenfalls als feinstoffliche Wesen unterwegs. Bevor sich eine Seele ein Leben aussucht, werden weitreichende Planungen vorgenommen. Sie überlegt sich, welche Erfahrungen und Lernprozesse sie gerne machen möchte. Aufgrund dessen sucht sie sich einen Planeten, einen Wohnort und ein Umfeld – hier beson-

ders die Eltern und Familie – genau aus, um für ihre Lebensaufgabe die besten Voraussetzungen zu haben. Bereits in dieser Phase ist auch der jeweilige Begleitengel schon involviert und bespricht mit ihr den Lebensplan. Manche Engel sind nur während eines Lebens bei euch. Manche bleiben über mehrere Leben, beispielsweise wenn die Seele für ein Lebensthema mehrere Inkarnationen wählt, um es in allen Facetten erleben zu können. Dann ist dieser Engel bereits sehr genau im Bilde und kann euch Menschen noch besser unterstützen. Wenn ihr euch als Mensch dann in ein neues Lebensabenteuer stürzt, ist euer Begleitengel natürlich immer bei euch. Er unterstützt euch bei allem, was ihr erlebt, und ist an eurer Seite, um euch Impulse und Liebe zu schenken, wann immer ihr sie braucht. Auch wenn ihr sterbt – was wie die Geburt nur ein Übergang von einer Daseinsebene in eine andere ist –, ist euer Engel ganz nah bei euch.«

Ich drücke Bens Hände:
»Danke, es ist so ein tröstliches Gefühl, zu wissen, dass wir niemals alleine sind, sondern immer jemand da ist, der uns liebt und versteht. Aber unser Begleitengel ist nicht der einzige, der bei uns ist, nicht wahr? Ich habe ja auch schon andere Engel wahrgenommen und mit ihnen geredet – wer sind sie und was machen sie?«

Haben wir mehr als nur einen Engel an unserer Seite?

Ben nickt:
»Selbstverständlich sind wir, eure Begleit- oder Schutzengel, nicht die einzigen, die euch Beistand leisten. Es gibt sogenannte Spezialisten, die für ganz eigene Themen zuständig sind. Wie ihr das auch aus euren menschlichen Berufen her kennt. Diese Engel sind immer dann bei euch, wenn ihr z.B. ganz bestimmte Lernprozesse durchschreitet. Manche sind Lehrer oder Heiler, manche unterstützen euch bei euren beruflichen Belangen oder dabei, eure Talente zu entfalten. Sie wissen ganz genau, wie sie euch inspirieren können, eure Kreativität ›anstupsen‹ und euch Hinweise geben können, die euch helfen, euren Lebensplan zu verfolgen.«

»Also hat praktisch jeder von uns ein ganzes Engelteam an seiner Seite, richtig?«

»Ganz genau! Wenn du wüsstest, wie viele, wärst du sehr erstaunt«, schmunzelt Ben.

Da werde ich natürlich neugierig:
»Oh, ist es möglich, die anderen Mitglieder meines Engelteams auch einmal zu sehen?«

»Ich kann dir einen kleinen Einblick geben, wenn du möchtest, ja. Schließe einmal deine Augen und entspanne dich ganz bewusst. Und dann, wenn du das Gefühl hast, dass es an der Zeit ist, öffnest du wieder die Augen.«

Ich nehme einen tiefen Atemzug, schließe meine Augen und bitte innerlich noch einmal darum, dass sich mir all die Wesen, die mich unterstützen und inspirieren, für einen kurzen Augenblick zeigen mögen.

Nach einer Weile habe ich das Gefühl, dass Ben und ich nicht mehr alleine sind und öffne ganz langsam die Augen. Ich blinzle, denn ich kann kaum glauben, was ich sehe. Hinter Ben erscheinen nach und nach weitere lichtvolle Wesen, die mir fröhlich zuwinken und mich anlächeln. Manche sehe ich nur verschwommen, manche sehen sehr engelhaft aus, andere wiederum menschlich. Es sind sogar Wesen darunter, die tierischen Ursprungs zu sein scheinen. Ich staune immer mehr. Ich sehe auch Wesen, die durchaus von anderen Sternen und Planeten stammen könnten und die ich gar nicht beschreiben kann, weil sie so wenig mit unserer menschlichen Physiognomie gemein haben. Doch eines vereint alle: Ich fühle wieder eine unglaubliche Liebe zu mir herüberströmen, eine gigantische Welle, die mir Tränen in die Augen treibt. Ich muss erst einmal ganz tief durchatmen.

»Ihr ALLE unterstützt mich? Das ist ja unfassbar!«, ist das Einzige, was ich herausbringe. Ich bin wirklich überwältigt und verstehe nun den Satz »Du bist niemals allein« noch viel besser!

»Ja, Liebes, wir alle sind immer mal wieder bei dir. Nicht alle zur selben Zeit und auch nicht alle dein ganzes Leben lang. Manche kümmern sich nur für einen kurzen Augenblick um dich, manche kennst du schon seit Äonen«, erklärt Ben.

Ich fühle mich sehr ergriffen und bedanke mich mit einer kleinen Verbeugung bei meinem Engelteam. Als ich mich wieder aufrichte, sehe ich, dass sich die Umrisse langsam wieder auflösen. Und ich entdecke noch etwas! Hinter meinen Engeln, die schon mehrere Reihen füllten, sehe ich noch weitere Wesen. Sie sind kaum zu erfassen, scheinen aber eindeutig auch zu mir zu gehören.

»Ben, wer sind die dort hinten?«
Ich zeige auf die Stelle hinter ihm auf der Wiese.
»Ich sehe noch andere Wesen.«

Ich kneife meine Augen etwas zusammen, um schärfer sehen zu können.

»Kann das sein? Sind das Drachen? Und Einhörner? Ben, da sind tanzende Feen und Elfen und …«

Mein Herz klopft ganz aufgeregt, als Ben meine Hände in seine nimmt, meinen Blick auf sich lenkt und meint: »Sch, Shayana, … sie gehören auch zu dir, ja, aber sie haben jetzt gerade nur ganz kurz vorbeigeschaut. Hier für unser Gespräch spielen sie keine Rolle.«

Ein verschmitztes Lächeln huscht über sein Gesicht. »Ich verspreche dir, du bekommst auch noch die Gelegenheit, dich mit ihnen zu treffen, ganz bestimmt!«

»Darf ich sie auch interviewen?«
Ich schaue ihn mit großen Augen an.

»Ja natürlich, wenn du möchtest!«, meint Ben und schmunzelt über meine kindliche Aufregung.

»JA«, juble ich, »was für eine Frage, natürlich möchte ich!«

Ich bin begeistert, wow, wie aufregend! Aber gut, ich beruhige mich mit ein paar Atemzügen und konzentriere mich wieder auf Ben und meine Engel. Ganz langsam verschwinden alle außer Ben aus meinem Wahrnehmungsfeld und ich sitze wieder alleine mit meinem Schutzengel auf der Wiese.

Ich lege die Hand auf mein Herz, um meine Dankbarkeit zum Ausdruck zu bringen.

»Danke, dass ich das wahrnehmen durfte, Ben, das bedeutet mir sehr viel! Ich bin sicher, auch all die anderen Menschen würden das sehr gerne tun«, gebe ich zu bedenken.

»Natürlich, das verstehen wir. Ich werde dir für die Leser am Ende des Buches eine kleine Übung an die Hand geben, mit der sich jeder intensiver mit seinem Engelteam verbinden kann.«

»Danke, das ist wunderbar!«, finde ich.

Mir fällt aber gleichzeitig auch noch etwas ein, das Ben vorhin erwähnt hat. Nämlich, dass unsere Engel uns in unserem Lebensplan unterstützen. Doch was ist das für ein Plan?

Haben wir einen festgelegten Lebensplan?

»Sag mal, sind unsere Leben eigentlich vollständig durch-geplant – welchen Beruf wir ergreifen, wie gesund wir sind oder welchen Menschen wir begegnen? Gibt es einen festgelegten Lebensplan?«, will ich jetzt wissen.

»Eindeutig nein, so ist das nicht«, erklärt Ben.
»Eure Seelen haben sich zwar vor ihrer Inkarnation eini-ge Eckdaten ausgesucht, doch da ihr auf einem Planeten des freien Willens, der Erde, lebt und Schöpferkräfte be-sitzt, ist es euch jederzeit möglich, frei zu entscheiden, welchen Weg ihr wählt! Manchmal dauert euer Weg dadurch etwas länger, ein anderes Mal nehmt ihr wie-der eine Abkürzung. Das ist das Spannende hier auf der Erde – auch für uns Engel! Wir sehen zwar immer mal wieder Tendenzen unserer ›Schützlinge‹, doch manch-mal brecht ihr aus der Masse aus, was von uns durch-aus auch schon einmal mit tosendem Applaus honoriert wird.« Ben schüttelt lächelnd den Kopf.
»Ihr könnt uns immer noch überraschen, und das lieben wir unter anderem so an euch. Ihr seid mutige, absolut liebenswerte und ab und an auch ein bisschen verrückte Wesen – im positiven Sinne!«

Beschützt unser Schutzengel uns vor allen Gefahren?

»Du hast gerade den Begriff ›Schützlinge‹ benutzt, aber du nennst dich ja eher Begleit- als Schutzengel. Wie ist das denn nun? Beschützt ihr uns vor allen Gefahren, die auf uns zukommen könnten?«

»Weißt du, es ist so, dass der Mensch auf der Erde eine etwas andere Definition von Gefahr und ›bösen‹ Geschehnissen hat als wir in der geistigen Welt. Ihr unterteilt eine Situation in gut oder schlecht, ihr lebt die sogenannte Dualität. Doch im Grunde gibt es nur das urteilsfreie SEIN. Alles, was in eurem Leben geschieht, hat einen bestimmten Grund, und auch vermeintlich negative Erlebnisse haben einen Sinn und wurden von eurer Seele ausgesucht, um daran zu wachsen. Wir können gut verstehen, dass euch Unfälle, Krankheiten, Kriege und Ungerechtigkeiten erschrecken und ihr nicht versteht, warum das gerade euch passieren muss oder warum die Welt nicht nur in Sonnenschein und Frieden leben kann. Ich will noch einmal darauf hinweisen, dass du und alle anderen Menschen auf diesem Planeten seid, weil ihr hier so wunderbar lernen könnt. Ihr könnt eine ganze Bandbreite an Erfahrungen machen. Viele auf den ersten Blick schwere Schicksalsschläge entpuppen sich oft als ›Geschenke des Lernens‹ für euch und für eure Mitschöpfer, die ihr eure Familie nennt. Viele Menschen kommen erst an ihre tiefsten Emotionen und Gefühle, wenn sie aus ihrer Komfortzone herausgerissen werden. Daher ist es nicht unsere Aufgabe, euch vor solchen herausfordernden Erlebnissen, die ihr euch auf der Seelenebene ausgesucht habt, zu beschützen oder sie von euch abzuwenden. Sie werden von uns nicht als etwas Schlimmes oder Böses beurteilt. Trotzdem könnt ihr euch sicher sein, dass wir in jeder Sekunde an eurer Seite und unser ganzes Mitgefühl und unsere Liebe bei euch und euren Liebsten sind. Doch wir respektieren zu jeder Zeit die freie Wahl der Seele. Wir senden euch in diesen Momenten Energien, Impulse und Gedanken, die euch helfen, einfacher durch den Wachstumsprozess zu schreiten«, erklärt mir Ben.

Ich versuche, mich in so eine Position hineinzufühlen:
»Ist das denn nicht sehr schwierig für euch, wenn ihr seht, dass uns etwas vermeintlich Schlimmes geschieht und ihr praktisch nur daneben stehen und nichts tun könnt?«

Ben schüttelt den Kopf.
»Du versuchst gerade wieder, das aus menschlicher Sicht zu beurteilen. Aus dieser Perspektive wäre es auch für uns bestimmt nicht leicht. Wir Engel beurteilen aber nicht. Wir lieben euch bedingungslos und achten deshalb auch eure tiefe Sehnsucht nach Erfahrungen. Um diese zu machen, seid ihr ja auch hier. Und dabei unterstützen wir euch ausnahmslos.

Also, um es klar zu sagen, wenn wir bei einem Unfall oder Ähnlichem eingreifen, dann immer, weil dies im Einklang mit den Erfahrungen sein wird, die ihr euch als Seele ausgesucht habt. Seht uns einfach als Begleiter, die eine umfassendere Sicht über die Geschehnisse haben, als Begleiter, die wissen, was vor einer Inkarnation abgesprochen wurde.«

Mir fällt dazu gleich eine Frage ein, die wohl jeder schon einmal gestellt oder von anderen gehört hat, wenn wir etwas Schlimmes in den Nachrichten hören oder wenn wir sehen, wie Menschen oder Tiere gequält werden:

Warum lässt Gott so viel Schmerz und Gewalt in der Welt zu?

Ich vernehme ein Seufzen. Ben nimmt einen tiefen Atemzug:

»Weil er nicht bewertet und weil er euch über alle Maßen liebt und euch jede Erfahrung machen lässt, die ihr euch ausgesucht habt! Ja, Liebes, ich sehe die Reaktionen der Menschen auch, die dies nun gerade lesen – eine sehr provokante Antwort, das ist mir klar, aber sie ist so wahr. Ich versuche, es so einfach wie möglich zu erklären:

Die universelle, göttliche Quelle, die unendliche Energie der LIEBE kennt kein Urteil. Auch wenn dies von irdischen Religionen oftmals gepredigt wird. Die Wahrheit ist, ihr werdet von der göttlichen Quelle niemals verurteilt. Niemals werdet ihr bestraft oder belohnt, außer ihr erschafft es euch durch eure Gedanken- und Glaubensmuster selbst.

Eine Beurteilung würde immer den einen über den anderen erheben und dies ist etwas, was das göttliche Prinzip nicht kennt. Es gibt Erfahrungen – Punkt. Die göttliche Quelle erfährt sich selbst durch all die Seelen, die aus ihr entstanden sind. Alle unsere Seelen entstammen dieser göttlichen Quelle und hier versuche ich, euch ganz bewusst von einer personifizierten Gottfigur wegzuführen. Alle Seelen zusammen ergeben die göttliche Quelle, haben denselben Ursprung und kehren mit all ihren Erfahrungen, die sie viele Leben, viele Inkarnationen über gesammelt haben, zur Quelle, zum Ursprung zurück.

Jeder von euch kann eigenständige und einzigartige Erfahrungen machen und doch speist ihr diese Erfahrungen, egal ob dies Glück, Freude, Liebe oder auch Schmerz, Wut oder Hass sind, in das große Ganze, in die göttliche Quelle ein. Das ist es, was euch eint: ein gemeinsames Zuhause, von dem ihr alle ein Teil seid, ein Teil eines großen Ganzen. Daher auch der Ausspruch – alles ist EINS.

Die göttliche Quelle erfährt so z.B. auch, wie es sich anfühlt, sich von der Liebe abzuwenden, das Herz zu verschließen und innerlich zu versteinern. Ein Leben zu wählen, in dem jemand leidet oder anderen Menschen Schmerzen zufügt, verletzt, barbarisch handelt oder missbraucht, benötigt eine Seele, die sehr mutig und erfahren ist und sich diese Erlebnisse und Erfahrungen zutraut. Es gibt Seelen, die mehrere Inkarnationen benötigen, um sich von diesen Energien wieder zu erholen. Es ist wahrlich nicht einfach, in diese heftigen Erlebnisse einzutauchen. Täter brauchen Opfer – auch hier gibt es Seelen, die sich zur Verfügung stellen, um genau diese – teils sehr intensiven – Erfahrungen zu machen. Nicht selten war es früher einmal umgekehrt. Die jetzigen Opfer waren ehemals Täter, wodurch ein Ausgleich und ein noch intensiverer Lerneffekt möglich sind.

Bitte verstehe, dass die Erde eine Bühne ist. Du BIST nicht das, was du zu sein scheinst. Du bist nicht nur der Mensch, der dir aus dem Spiegel entgegenblickt. Du bist nicht nur die Rolle, die du gerade spielst, du bist so viel mehr! Du bist ein lichtvolles, mächtiges Wesen, das durch das, was du spielst, Welten verändert. Wir sind so stolz auf jeden von euch, und es ist uns eine große Ehre, bei euch zu sein!«

Ben steht auf und diesmal verbeugt er sich vor mir.

Mir wird ganz schwindlig und ich blinzle ein paar Tränen weg. Ich stehe ebenfalls auf und wir umarmen uns lange. Mein Herz pulsiert dabei sehr intensiv und ich kann das, was Ben mir erklärt, in meinem Herzen als Wahrheit spüren. Ich will allerdings nicht behaupten, dass ich es in aller Konsequenz mit meinem Verstand verstehe, nein, wirklich nicht.

Ben schüttelt leicht den Kopf:
»Es fällt euch schwer, das zu verstehen. Das ist wahr, das wissen wir alle. Genau aus diesem Grunde sind wir von eurem Kampfgeist immer so berührt. Er treibt euch an, lässt euch weitermachen. Immer wieder baut ihr Vertrauen auf und schreitet mutig voran. Auch wenn die Erinnerungen an die Wahrheit eurer Seelen nur vereinzelt an die Oberfläche kommt, fühlt ihr IN EUCH doch immer wieder, dass alles einen Sinn haben muss. Euer Herz weiß es!«

»Wie können wir mit jenen Situationen, in denen uns der Blick auf die sogenannten Ungerechtigkeiten des Lebens wieder einmal zu übermannen droht, am besten umgehen?«, will ich von ihm wissen.

»Erinnert euch daran, dass es Spiele sind. Erinnert euch daran, dass jeder seine Rolle spielt, und respektiert, dass jeder ein schöpferisches Wesen ist und sich diese Erfahrungen so ausgesucht hat. Auch ihr selbst! Vertraut eurer Seele und bittet um Akzeptanz. Wenn es euch schwerfällt, nehmt euch einen Augenblick, um zur Ruhe zu kommen. Atmet tief in euer Herz, und verbindet euch mit uns, euren Engeln. Wir pflanzen dann Samen der Erinnerung und Ruhe in euer Herz, damit es leichter wird. Selbstverständlich habt auch ihr die Fähigkeit, eine Situation aktiv zu verändern, wenn sie in eurer Macht und Verantwortung steht. Ihr müsst Situationen nicht ›aushalten‹ oder hilflos in ihnen verharren. Ihr könnt sie verändern oder verlassen. Denkt daran, dass ihr immer auch eine aktive Rolle spielt!«

Ich setze mich gemeinsam mit Ben wieder auf die Wiese und will wissen, warum er sich vor mir verbeugt hat.

Erkennt eure Schöpferkaft!

»Was war das denn gerade, Ben, warum hast du dich vor mir verbeugt? Und was meintest du damit, dass wir alle lichtvolle, mächtige Wesen sind?«

»Nun, ihr seid alle ein Teil der göttlichen Quelle, daher seid ihr auch mit Schöpferkräften ausgestattet. Jeder Einzelne von euch ist ein göttliches, wundervolles Schöpferwesen. Und wir ehren und lieben euch dafür unendlich. Das wollte ich mit meiner Verbeugung zum Ausdruck bringen.

Es gibt in der Geistigen Welt niemanden, der bestimmt, was ihr als Menschen hier auf der Erde erlebt. Ihr habt einen schöpferischen Geist, der mithilfe seiner Gedanken und vor allem mit seinen Gefühlen sein Leben erschafft! Alles in eurer Welt entsteht zuerst durch einen Gedanken: Dieser bildet sich zunächst in der feinstofflichen Welt und je nachdem wie intensiv eure Gefühle zu diesem Gedanken sind, kann er sich in eurer Welt manifestieren, das heißt real werden. Dabei spielt es keine Rolle, ob eure Gefühle von Liebe oder Angst getragen werden. Ängste manifestieren sich in eurem Leben meist sogar noch schneller, da ihr es gewohnt seid, sie in Gedanken und im Herzen immer wieder und in allen Variationen durchzuspielen. Wir sitzen oft neben euch und inspirieren euch dazu, aus diesem Hamsterrad auszusteigen und euch auf das Positive in eurem Leben zu konzentrieren, doch das ist nicht immer leicht«, seufzt mein liebevoller Begleiter.

»Das machen wir alle immer mal wieder, oder?«, frage ich ein wenig zerknirscht, denn ich kann mich noch gut daran erinnern, dass ich in der Vergangenheit auf diese Weise auch die eine oder andere eher unangenehme Erfahrung erschaffen habe.

»Ja, ihr Lieben, das kennt ihr alle! Jeder Einzelne von euch. Es ist ein Lernprozess, den ihr alle durchschreitet. Irgendwann gibt es bei vielen von euch einen Punkt, an dem ihr einfach keine Lust mehr haben werdet, euch immer nur auf die Ängste in eurem Innersten zu konzentrieren. Wenn ihr merkt, dass es euch viel besser geht, wenn ihr vermehrt auf die Dinge schaut, die euch glücklich und fröhlich machen, verändert sich etwas. Das ist der Moment, in dem ihr realisiert, dass IHR mit eurem Denken und Fühlen Veränderungen in eurem Leben hervorrufen könnt. Es geht niemals darum, die anderen zu verändern, ihr könnt immer nur das ändern, was IN EUCH ist, was ihr über eine Situation oder einen Menschen denkt oder fühlt. DAS ist der freie Wille! Und ich kann euch versichern, dass alles in eurer Welt von verschiedenen Seiten betrachtet werden kann. Alles vermeintlich Hässliche hat auch irgendwo eine schöne und liebenswerte Seite. Richtet euch auf das aus, was euer Herz zum Singen bringt, was euch glücklich macht, und beschäftigt euch mehr und mehr damit. So gewinnt es an Kraft und wird wachsen. Ihr könnt dies zu jedem Zeitpunkt eures Lebens tun. Leider beginnen manche Menschen erst damit, wenn der Leidensdruck zu groß geworden und kaum mehr auszuhalten ist. Doch so weit muss es nicht kommen! Jeder ist der Lage, sein Leben von einem Augenblick zum nächsten zu verändern. Traut es euch zu – ihr wisst ja, ihr seid nie allein!«

Ich nicke, denn ich kann dem nur aus tiefster Seele zustimmen. Wenn ich nur daran denke, welche Gefühle und Gedanken diesem Buch vorangegangen sind … dass ich in diesem Moment schreibe und es nun genau in diesem Augenblick von jemandem, von DIR, gelesen wird! Und das nur, weil ich mich damit beschäftigt und in positivster Weise darauf fokussiert habe. Wow!

»Das ist irgendwie wie Magie«, flüstere ich.

»Das ist Schöpferkraft«, meint Ben und lächelt.
»Du kannst es nennen, wie du möchtest, du kannst sogar sagen, es ist gelebte LIEBE! Du schöpfst immer nur aus der LIEBE!«

Oh das gefällt mir! Unser Leben – nichts anderes als gelebte Liebe – wunderschön!

»Wir können noch so viel erschaffen, nicht wahr? Ich meine, was gibt es alles für unterschiedliche und faszinierende Ideen und Möglichkeiten?«, überlege ich mir, während ich mit Ben auf der Wiese liege, in den Himmel schaue und die leise vorüberziehenden Wolken beobachte.

»Woran scheitert es denn, wenn sich etwas nicht manifestiert?«, frage ich Ben.

»Manchmal liegt es ganz einfach daran, dass ihr nicht wirklich eurem Herzen folgt, sondern nur dem Wunsch – DAS WILL ICH AUCH –, weil es jemand anderer hat oder erlebt«, erklärt Ben.

»Aus vielen unterschiedlichen Gründen denkt ihr manchmal, dass ihr etwas sein oder haben solltet, das aber im Grunde mit euch und eurem Leben nichts zu tun hat. Nur weil ihr es bei jemand anderem so schön und so erstrebenswert findet, glaubt auch ihr, dadurch reich, erfolgreich oder glücklich zu werden. Wäret ihr ehrlich mit euch selbst, würdet ihr merken, dass es euch nur als Ersatzbefriedigung dient, ohne einen tieferen Sinn oder Zweck. Ihr schaut viel zu sehr auf das, was andere Menschen tun, sagen oder sind und vertraut euch selbst zu wenig.

Ihr versucht zwar mit allen Mitteln, eine Begebenheit in eurem Leben hervorzurufen, und manchmal gelingt euch das auch bis zu einem gewissen Punkt, aber es wird nie auf Dauer sein, und es wird euch auch nicht befriedigen. Ihr werdet dieses scheinbare Glück wieder verlieren, wenn es keinen Bestand in eurem Herzen und eurer Seele hat.

Darum prüft immer wieder, was IN euch geschieht, was EUER Herz zum Strahlen bringt und wonach es sich wirklich sehnt. Denn das sind die Wünsche und Schöpfungen, die zu euch gehören und die es sich zu manifestieren lohnt!

Doch was euch noch viel öfter im Wege steht, sind eure Selbstzweifel. Solange ihr das Gefühl habt, dass ihr etwas nicht wert seid oder es nicht könnt, solange hat es eure Schöpfung schwer, konkret in euer Leben zu treten. Befreit euch von euren Selbstzweifeln, baut euer Selbstbewusstsein auf und vertraut darauf, dass jeder von euch ein liebenswertes, einzigartiges und wunderschönes Schöpferwesen ist, dem seine ganz eigenen Reichtümer und Schätze zur Verfügung stehen, wenn es sich dafür öffnet!«

»Das ist manchmal einfacher gesagt, als getan«, seufze ich.

»Und manchmal einfacher getan, als gesagt«, schmunzelt Ben.

»Ihr macht euch immer so viele unnütze, destruktive Gedanken und baut dabei große Gebilde voller Ängste und Befürchtungen auf. Doch diese bringen euch nicht weiter, sie helfen euch auch nicht dabei, Schwierigkeiten abzuwehren, im Gegenteil, sie ziehen genau das an, was ihr befürchtet. All diese wertvolle Zeit könntet ihr mit dem Träumen und Erschaffen von all dessen nutzen, was euch wirklich am Herzen liegt und euch richtig begeistert. Ihr habt genügend Zeit dazu! Ihr müsst euch nur dazu entscheiden, sie entsprechend zu nutzen!«

Werdet wie die Kinder!

Ben steht auf und springt auf einmal wie ein Flummi über die Wiese.

»Ihr müsst lockerer werden oder besser noch, wie die Kinder«, ruft er mir freudestrahlend zu, während er mit einem Hund spielt, der auf der Wiese herumtollt. Das sieht zu drollig aus, denn der Hund scheint Ben zu sehen, rennt mit ihm herum und spielt mit ihm, während sein Herrchen nach ihm ruft und sich wundert, warum sein Vierbeiner nicht mehr auf ihn hört.

Nach einer ausgiebigen Spielrunde rennt Ben auf mich zu, zieht mich mit sich und tanzt mit mir durch den Park.

»Es ist im Grunde nur eine Entscheidung, weißt du, eine Entscheidung dafür, düstere Gedanken und Ängste in einem Moment loszulassen und sich dem Leben, der Freude und dem Glück zu öffnen. Ihr selbst entscheidet dies jeden Tag aufs Neue. Jeder Augenblick in eurem Leben birgt die Chance in sich, sich dem Glück zuzuwenden und wahrzunehmen, wie gesegnet ihr seid! Ihr seid dem Leben nicht hilflos ausgeliefert, ihr habt immer die Wahl! Alles, wirklich alles, kann von verschiedenen Seiten betrachtet werden. Wenn ihr bisher nur eine Seite betrachtet habt, die euch nicht gefällt, dann seid gespannt, ob es da nicht noch eine andere gibt, die vielleicht einen Schatz in sich birgt. Versucht es einfach – tut es! Es gibt keinen strafenden Gott, der euch dazu verurteilt hat, traurig und mit Sorgen belastet durch die Welt zu gehen. Im Gegenteil: Lebensfreude ist euer Geburtsrecht! Es wird allerdings niemand von außen kommen, der euch dies erlaubt, diese Erlaubnis müsst ihr euch selbst geben! Wenn ihr darin noch nicht so geübt seid, tut es so lange, bis es euch in Fleisch und Blut übergegangen ist und ihr ganz genau wisst, dass IHR für euer Glück selbst verantwortlich seid.«

Übernehmt Verantwortung!

Wir spazieren unterdessen weiter im Park umher, in dem anscheinend auch viele andere Menschen ein wenig vom Alltag abschalten möchten.

»Sieh mal«, sagt Ben und zeigt auf einen sehr jungen Mann, der schnellen Schrittes durch den Park läuft. Er hat die Schultern hochgezogen und sein Gesicht ist ganz verkniffen. Ben erweitert meine Wahrnehmung, sodass ich die Aura des Jungen sehen kann. Sie sieht sehr eng aus, mit düsteren Farben. Ich bekomme schon Kopfschmerzen, wenn ich den Jungen nur anblicke.

»Schau genau hin«, meint Ben.
»Er quält sich schon seit Tagen mit negativen Gedanken und schlägt sich mit vielen Ängsten und destruktiven Gefühlen herum. Er ist sehr verschlossen und steigert sich immer weiter in diese Negativität hinein. Er läuft zwar gerade durch diesen Park, aber er hat keinen Blick für die wundervolle Natur und die Kraft, die hier für ihn zur Verfügung stehen könnte, für ihn ist es nur ein ganz normaler Weg von A nach B. Er übernimmt keine Verantwortung für das, was in seinem Leben geschieht, weil er sich praktisch vor sich selbst versteckt und die Schuld an seinem Zustand allen anderen gibt. Dadurch fühlt er sich stets als Opfer, dem nur Ungerechtigkeit widerfährt. Und

weil er dies mit seinem ganzen Wesen ausstrahlt, zieht er in seinem Leben natürlich immer mehr Situationen an, die genau dies widerspiegeln. Hier wirkt das Gesetz von Ursache und Wirkung.«

»Und dabei könnte er selbstständig sehr viel verändern in seinem Leben, oder?«, frage ich Ben.

»Ja, eindeutig! Schauen wir uns einmal jemand anderen an.«

Ben zeigt auf eine junge Frau, die uns gerade von der anderen Seite entgegenkommt. Ich schaue ihr hinterher und sehe, wie sie sich auf eine Bank setzt. Auch sie scheint Sorgen zu haben, sie seufzt schwer und blickt traurig vor sich hin. Doch ihre Aura ist etwas größer, lichte Farben sind zu sehen. Sie holt einen MP3-Player aus ihrem Rucksack, steckt die In-Ear-Kopfhörer in ihre Ohren und sucht sich ein paar Songs heraus. Dann lehnt sie sich zurück, lässt die Sonne auf ihr Gesicht scheinen und lauscht der Musik. Wir können sie – dank Bens besonderer Fähigkeiten – ebenfalls hören. Es ist ein fröhlicher, mitreißender Song. Man kann förmlich spüren, wie sich die junge Frau mit jedem Atemzug mehr und mehr entspannt, wie sich ihre Mundwinkel mit jedem Sonnenstrahl, der sie erreicht, weiter anheben und es ihr immer besser geht. Ihre Aura, das Energiefeld, das sie umgibt, wird immer größer, dehnt sich immer weiter aus, wird heller und strahlender. Man erkennt nun die

Farben darin. Als sie nach einer Weile die Augen öffnet, fliegt gerade ein kleiner Vogel ganz nah an ihr vorbei, setzt sich vor ihr auf die Wiese und schaut sie interessiert an. Nun lächelt sie, und man hat das Gefühl, sie ist wieder in ihrer Mitte angekommen.

»Was ist denn hier gerade geschehen?«, will ich von Ben wissen.

»Ein wunderbares Beispiel, Liebes! Wir haben soeben zwei Menschen beobachtet, denen es zuerst nicht sehr gut ging.
Der Junge hatte in den letzten Tagen Streit mit seinen Eltern und mit seiner Freundin. Da seine negative Grundstimmung auch auf der Arbeit noch präsent war, hatte sein Chef ihn verwarnt, was sein Gefühl, die ganze Welt wäre gegen ihn, noch verstärkte. Alle anderen hatten Schuld an seiner Unzufriedenheit. Er war nicht in der Lage, zu erkennen, dass er selbst einen großen Anteil an den Streitigkeiten in seinem Umfeld hatte und schob die Verantwortung für sein eigenes Leben und seine Gefühlswelt ganz weit von sich. Solange er diese Haltung einnimmt, wird sich für ihn nichts ändern.
Die junge Frau hatte ebenfalls eine sehr anstrengende Woche hinter sich. Außerdem steht ihr in den nächsten Tagen noch eine Prüfung bevor, die ihr Sorgen bereitet. Doch sie hat erkannt, dass sie selbst viel tun kann, damit es ihr wieder besser geht und dass sie nicht darauf warten muss, bis jemand anderes ihre Stimmung hebt oder

die Prüfung vorbei ist. Also hat sie beschlossen, einen kleinen Abstecher durch diesen Park zu machen. Sie hat sich Zeit für sich genommen, ihrer Lieblingsmusik gelauscht und die Kraft der Natur ganz tief in sich hineingeatmet. Sie hat ihr Gesicht im wahrsten Sinne des Wortes wieder der Sonne zugewandt.

Und was geschah? Innerhalb kürzester Zeit spürte sie, wie sie sich entspannte, wie ihre ängstlichen Gedanken zur Ruhe kamen und sie wieder Zuversicht schöpfte. Sie bemerkte, dass, was sich in der Hektik und im Stress des Alltags alles hochgeschaukelt hatte, doch im Grunde nicht einmal halb so schlimm war, wie sie anfangs gedacht hatte.

Sie hat bewusst die Verantwortung für ihre Gedanken und Gefühle übernommen. Sie hat einen Weg gesucht, um aus der Spirale der Negativität herauszukommen. Und sie hat ihn gefunden – mit der Kraft der Natur, den Dingen, die sie liebt und mag, und Menschen, die ihr nahe sind – denn sie wird sich im Anschluss mit einer Freundin treffen, die noch mehr Leichtigkeit und Freude in ihren Tag bringen wird. Sie hat die Richtung geändert, von einem Augenblick zum nächsten.

Das kann jeder Mensch – ausnahmslos!«

»Hört sich im Grunde gar nicht schwer an«, sinniere ich.

»Ist es auch nicht! Zumindest wenn du die Opferrolle hinter dir lässt und dich dazu entscheidest, etwas zu tun, damit es sich ändert. Es beginnt immer mit DIR, ja, auch mit DIR, liebe Leserin und lieber Leser! Welche Entscheidung triffst DU HEUTE für dein Leben? Es beginnt immer mit einem ersten Schritt, den DU wählst. Warte nicht länger darauf, dass etwas irgendwann einmal geschieht, sondern übernimm selbst die Verantwortung für dein Leben. Wenn es etwas gibt, das dir nicht gefällt, verändere es. Verändere es durch deine Gedanken und Gefühle! Veränderst du sie, verändert sich deine Welt!«

Bittet uns um Hilfe!

Das interessiert mich nun noch näher:
»Wie könnt ihr als unsere Engel uns denn dabei helfen, unser Leben zu verändern, unsere Realität neu zu gestalten?«

Ben und ich sind an einem kleinen Teich angekommen, setzen uns ans Ufer und lassen die Füße ins Wasser baumeln.

»Wenn ihr euch im Innersten dazu entscheidet, etwas zu verändern, wenn ihr eurem Herzen folgen wollt, dann redet einfach mit uns. Ihr müsst dazu keine komplizierten Rituale abhalten, nehmt euch einfach einen Augenblick Ruhe und unterhaltet euch mit uns. So wie du jetzt mit mir! Da ihr einen freien Willen habt, dürfen wir nicht einfach eigenmächtig über eure Erlebnisse und Erfahrungen bestimmen. Wenn ihr allerdings einmal eine Entscheidung gefällt habt, beginnen auch wir, tätig zu werden. Dann könnte es sein, dass wir euch Impulse geben, z.B. an einen bestimmten Ort zu gehen, an dem ihr auf Menschen trefft, die euch in dieser Angelegenheit weiterhelfen. Vertraut diesem inneren, drängenden Gefühl, etwas zu tun, jemanden zu treffen, anzurufen oder einen bestimmten Weg einzuschlagen, denn das ist der Weg, wie euch eure Seele, euer Herz oder eure Engel auf etwas Wichtiges aufmerksam machen möchten.

Wir kommunizieren immer über euer Herz! Und es gibt immer einen Grund, wenn es euch innerlich zu etwas drängt. Macht euch keine Gedanken darüber, wenn ihr den Sinn noch nicht versteht. Irgendwann werden sich die Puzzle-Teile auf wundersame Weise zusammenfügen und dann werdet ihr es verstehen.

Shayana, dir ist bei den beiden vorhin bestimmt aufgefallen, dass auch ihre Engel ganz nahe bei ihnen waren. Beide Engel haben ihr möglichstes getan, um ihre Menschen zu inspirieren, doch nur der Engel der jungen Frau ist auch zu ihr durchgedrungen. Er hat ihr die Idee eingegeben, heute etwas Zeit im Park zu verbringen.

Also sagt uns einfach, was ihr euch wünscht, was euer Herz ersehnt. Und verzweifelt nicht, wenn ihr nicht wisst, wie es in euer Leben kommen soll. Entscheidet euch innerlich ganz klar, was ihr in euer Leben einladen möchtet und lasst es dann einfach los. Das Gesetz der Anziehung besagt, dass alles das, was der Mensch aussendet, auch wieder zu ihm zurückkommt. Erinnert euch immer wieder daran und fangt an, uns wie Freunde in euer Leben zu integrieren.

Ich möchte allerdings auch betonen, dass wir keine reinen ›Wunscherfüller‹ sind. Wir sind keine Dschinn, keine guten Feen, die euch drei Wünsche erfüllen. Wir sind eure lichtvollen Begleiter, die die Dinge verweben, die ihr gern Zufall nennt.« Ben lächelt mich an.

»Wir sorgen dafür, dass ihr eure Seelenverabredungen mit anderen Menschen einhaltet. Wir spenden euch innerlich Trost, wenn ihr traurig oder verzweifelt seid, und wir schicken euch Boten vorbei, die euch daran erinnern, wer ihr in Wirklichkeit seid, und auffrischen, was in Vergessenheit geraten ist. Ihr vergesst zu leicht, welch wunderbare Wesen ihr seid, darum sind wir Engel immer die ›Erinnerer‹ eurer Göttlichkeit.

Wir schicken euch Menschen, Tiere, Erlebnisse, Bücher, Filme, Songs und noch vieles mehr, was euch erinnern soll, wer ihr seid und dass ihr niemals alleine seid. Geht aufmerksam durch euer Leben, öffnet eure Augen und euer Herz, und schaut genau hin, so manches entgeht euch noch. Wir Engel sind geduldig, aber auch beharrlich. Wenn ihr es beim ersten oder zweiten Mal noch nicht erkennt, dann versuchen wir es auch ein drittes oder viertes Mal, und noch viele Male mehr – so lange, bis ihr es versteht.

Und wir lieben euch bedingungslos. Für uns braucht ihr keine Rolle zu spielen, wir kennen eure Seele und euer Herz, und wir LIEBEN euch genau so, wie ihr seid!«

Engel sind geduldig und verständnisvoll

Ben rückt näher zu mir und legt einen Arm um meine Schultern. Ich kuschle mich an ihn und fühle mich wohl und angenommen, genau so, wie ich bin.

In diesem Augenblick fällt mein Blick auf die andere Seite des Teiches. Zwischen Bäumen und Spielplätzen sehe ich einige Menschen vorbeilaufen, mit ihren Hunden spazieren gehen oder mit ihren Kindern herumtoben. Jeder von ihnen wird von Engeln begleitet, doch keiner bemerkt es. Jeder Einzelne – sogar jedes Tier – hat mindestens ein lichtvolles Wesen, das hinter, neben oder über ihm schwebt. Bei den Kindern entdecke ich ganz viele Engel, mehr noch als bei den Erwachsenen. Sie lachen glücklich mit den spielenden Kindern, und ich sehe, wie sie die kindlichen Energien um die Erwachsenen, die Eltern und Betreuer herum verteilen, damit auch sie noch mehr von dieser glücklichen, reinen Energie erfahren und wieder mehr Leichtigkeit in ihr Leben lassen. Manche werden von dieser Energie regelrecht angesteckt und spielen ausgelassen mit ihren Kindern. Bei anderen ist der Alltagsdruck noch zu groß, sie schotten sich ab, stehen etwas abseits und schauen nur zu. Doch die ganze Zeit über bleibt ihr Engel bei ihnen, tut sein Möglichstes, schaut verständnisvoll und geduldig zu. Sie wahren den freien Willen, das kann ich ganz klar sehen. Und sie verurteilen nicht.

Umgib dich mit Menschen, die dir guttun

»Das ist so entspannend«, sage ich zu Ben.
»Wenn wir nur alle im täglichen Leben so miteinander umgehen könnten. Wenn wir einander einfach zur Seite stehen und uns gegenseitig Hilfe anbieten könnten, ohne sauer zu werden, wenn der andere sie nicht annehmen kann oder will. Wenn wir die Wege und Entscheidungen der anderen akzeptieren könnten, ohne sie persönlich zu nehmen – das würde vermutlich sehr viel Entspannung in unsere zwischenmenschlichen Beziehungen bringen.«

»Da hast du vollkommen recht. Ihr nehmt vieles noch viel zu persönlich. Viele Menschen lernen derzeit erst noch, dass jeder seine eigene Wahrheit haben darf und dass nicht jeder denselben Weg wie man selbst zu gehen braucht. Habt Verständnis für all die Menschen, die darin noch nicht so geübt sind. Seid euch dessen bewusst, dass ihr jederzeit die Möglichkeit habt, frei zu wählen, mit wem ihr eure Zeit und euer Leben verbringt. Wenn es Menschen gibt, die euch mit ihrer Einstellung und ihrem Sein immer wieder herunterziehen, deren Welt ständig nur daraus besteht, sich zu beklagen, dann habt ihr die Wahl: Ihr könnt sie entweder dazu inspirieren, einen anderen, leichteren Weg einzuschlagen, einen Weg, den ihr vielleicht schon geht, oder, wenn sie partout in ihrer Opferrolle bleiben möchten – was im Übrigen auch ihr gutes Recht ist, und von euch ebenso respektiert werden sollte –, dann habt ihr zu jedem Zeitpunkt die Möglichkeit, euch von diesen Menschen zu entfernen. Oftmals geschieht dies ganz automatisch, wenn ihr euch in zu unterschiedliche Richtungen entwickelt. Manchmal jedoch gehört es zum Lernprozess dazu, euch bewusst von einer Verbindung, einer Freundschaft oder Partnerschaft zu lösen. Dies kann eine große Herausforderung darstellen, wenn es sich vielleicht um eine langjährige Freundschaft, eine Ehe oder einen Arbeitsplatz handelt. Doch ihr werdet weiterhin auf der Stelle treten und leiden, wenn ihr nicht anfangt, eurem Herzen zu folgen.«

Ich weiß, was Ben damit meint. Ich habe diese Entscheidung auch so manches Mal in meinem Leben treffen müssen, auch wenn sie mir nicht leichtfiel. Und doch, im Nachhinein machte alles Sinn.

»Umgebt euch mit Menschen, die euch guttun«, rät Ben. »Gemeinsam könnt ihr so viel mehr erreichen und vor allem ein glückliches Leben führen. Bleibt nicht alleine, sondern umgebt euch mit Menschen, die so fühlen wie ihr. Die Zeit ist reif, Herzensfreunde wiederzufinden, die ihr schon aus anderen Leben kennt. Menschen, die ehrlich aufeinander zugehen, sich wertschätzen und einander fördern. Und vergesst nicht, zu lachen und Spaß miteinander zu haben!

Tretet füreinander ein, erlaubt euch solche Freundschaften und Partner, egal, ob im privaten oder im beruflichen Leben!«

Seid ehrlich mit euch und anderen

»Ihr lebt in einer unglaublich spannenden Zeit, in der immer mehr Menschen erkennen, was wirklich wichtig ist. Sie sehnen sich nach Echtheit und möchten nicht länger belogen werden. Sie möchten in jeder Beziehung authentisch leben. Lug und Trug – ob im täglichen Leben oder mit sich selbst – wird so glücklicherweise immer schwerer aufrechtzuerhalten sein. Lügen – zu welchem Zweck auch immer – werden wie Kartenhäuser zusammenfallen. Seid deshalb auch ehrlich zu euch selbst! Wenn ihr das praktiziert, werden sich neue Türen öffnen und neue Freundschaften entstehen, die ihr niemals für möglich gehalten hättet.«

»Wie schaffe ich es denn, wirklich ehrlich zu mir selbst zu sein?«, frage ich mich und Ben gleichermaßen.
»Oftmals ist es ja so, dass man sich in verschiedenen Angelegenheiten schon seit vielen Jahren ein bequemes Selbstbild zurechtgelegt hat und gar nicht mehr auf seine blinden Flecken schaut!«

Ben nimmt meine Hand und hilft mir auf. Es wird Zeit, ein wenig weiterzugehen. Wir schlagen den Weg in eine Allee mit großen, alten, wunderschönen Bäumen ein.

Verurteilt euch nicht

Während wir so nebeneinander herlaufen, erklärt mir Ben:

»Es ist wichtig, dass ihr damit aufhört, euch selbst zu verurteilen. Wie ich dir ja schon gesagt und auch gezeigt habe, verurteilen die göttliche Quelle und auch wir Engel und andere himmlische Begleiter euch niemals. Doch ihr Menschen findet immer wieder scheinbare Unzulänglichkeiten, für die ihr euch tadelt. Immer scheint irgendetwas zu fehlen: Oftmals ist es Geld, oder ein besseres Aussehen, ein liebevollerer Partner, ein besserer Job – die Liste lässt sich beliebig weiterführen. Immer strebt ihr nach dem, was ihr gerade nicht habt und gebt euch dann die Schuld dafür, wenn etwas fehlt. Ihr macht euren Selbstwert von all diesen äußeren Begebenheiten abhängig.

Hört damit auf! Jetzt, sofort!

Beobachtet euch jeden Tag! Und wenn ihr wieder in die Falle des Verurteilens tappt, schaut hin, und werdet euch bewusst, dass alles, was in eurem Leben existiert, seinen Sinn hat. Das ihr so, wie ihr seid, genau richtig seid! Wenn ihr euch verändern möchtet, ist das wunderbar, doch nicht erst, wenn ihr das tut, werdet ihr geliebt. Ihr seid nicht erst wertvoll, wenn ihr dieses oder jenes erreicht habt. Ihr seid es bereits jetzt! Ihr wart es immer und werdet es immer sein: unendlich geliebt von der göttlichen Quelle allen Seins und von all euren himmlischen Freunden und Begleitern!«

Ein Sonnenstrahl blitzt durch die Blätterkronen, und ich bleibe stehen, um ihn ganz tief in mich aufzunehmen. Ich spüre, dass ich von tiefer Liebe umgeben bin.

Liebt euch bedingungslos

Ben erklärt weiter:

»Wenn ihr dann aufhört, euch zu verurteilen und akzeptiert, wie ihr seid, dann werdet ihr ein Gefühl und eine Wertschätzung für all die wunderbaren Eigenschaften entwickeln, die in jedem von euch vorhanden sind. Aus diesem Gefühl der Akzeptanz entwickelt sich die Liebe zu euch selbst.

Ihr beginnt, das, was ihr seid und wie ihr seid, nicht nur vorurteilsfrei zu betrachten, sondern auch zu lieben. Warum solltet ihr das auch nicht tun? Es gibt so viele Dinge, die ihr an euch lieben könnt, wenn ihr nur anfangt, genau hinzuschauen. Stellt keine Bedingungen mehr an euch, nehmt euch so an, wie ihr seid. Lobt euch selbst für euren Mut, den Herausforderungen des Alltags zu begegnen. Seht in den Spiegel, und erkennt eure Einzigartigkeit und Schönheit!

Um nun zu deiner Eingangsfrage zurückzukommen: Wenn ihr lernt, euch selbst bedingungslos zu lieben, dann seid ihr bereits auf dem richtigen Weg, ehrlich zu euch selbst zu sein. Gepaart mit bedingungsloser Liebe stellt Ehrlichkeit dann keine Gefahr mehr dar, sich selbst zu verurteilen oder schuldig zu fühlen. Auf diese Weise betrachtet ihr eine Situation dann vollkommen vorurteilsfrei und stellt lediglich fest, dass sie da ist und was sie euch bisher gebracht hat. Ihr nehmt mehr und mehr die Position des außenstehenden Betrachters ein.

Wenn ihr euch selbst liebt, werdet ihr abwägen, ob euch diese Situation, so wie ist, immer noch dient, ob sie euch unnötig belastet und ob ihr sie überhaupt noch in eurem Leben haben möchtet. Dann seid ihr in der Position, euch für eine Veränderung zu entscheiden. Dann werdet ihr nicht mehr zulassen, dass euch jemand anderes verletzt, euch abwertet oder über euch bestimmt.

In diesem Moment werdet ihr erkennen, dass die Menschen im Außen immer nur ein Spiegel dafür waren, wie ihr euch selbst wahrgenommen habt. Ab diesem Moment werden automatisch andere Menschen in euer Leben treten. Eure bisherigen Freunde und Familienmitglieder werden entweder weniger mit euch zusammen sein wollen oder euch anders behandeln.«

»Da wären wir wieder beim Thema Eigenverantwortlichkeit«, denke ich mir.

Wie wir es drehen und wenden, wir gelangen letztendlich immer wieder zu uns selbst zurück, oder?«

Ich schaue Ben an, der ganz fasziniert ein kleines Eichhörnchen beobachtet, das gerade unseren Weg kreuzt. Er beugt sich hinunter und umhüllt es mit ganz leichter, liebevoller Energie. Das Eichhörnchen schließt die Augen und scheint die Energie regelrecht in sich aufzusaugen. Nur einen kurzen Moment später huscht es schon wieder ins nächste Gebüsch.

Ich schmunzle und freue mich.

Ben nickt und meint:
»Ja, es beginnt IMMER zuerst in euch selbst!«

Es beginnt immer zuerst IN EUCH SELBST

»Ihr könnt die Welt nicht verändern, indem ihr von anderen verlangt, sich zu verändern. Bleibt mit allem bei euch selbst. Bleibt ganz tief in eurer Mitte und wenn euch etwas ärgert oder stört, dann überlegt, was IHR selbst tun könnt, um eine Veränderung hervorzubringen. Es gibt Momente, in denen ihr ganz konkret im Außen agieren könnt. Oftmals geht es auch darum, eure Einstellung zu verändern. Wenn ihr euch im Inneren verändert, dann verändert ihr auch das Außen. So einfach ist das.«

Ich lache:
»Ich mag es eh nicht kompliziert!«

»Das ist gut«, entgegnet Ben, »denn das Universum und das Leben sind nicht kompliziert aufgebaut! Immer wenn es zu mühsam wird, zu verschlungen und schwer, dann könnt ihr sicher sein, dass es von Menschenhand gemacht ist. Das göttliche Prinzip ist in all seinen Facetten immer einfach und klar, es braucht keine Schnörkel. Die erschafft sich allein der Mensch.«

Das gefällt mir! Bei der Komplexität unseres Alltags und all den Anforderungen, die täglich auf uns einprasseln, sehnen wir uns doch alle wieder nach mehr Einfachheit.

»So ist es«, bemerkt mein Schutzengel, während ich mich bei ihm einhake und mit ihm weiter durch die Parklandschaft schlendere.

Setzt euch nicht so unter Druck

»Wir Engel haben eine besondere Bitte an euch alle, einen Tipp, wenn du so möchtest:

Bitte setzt euch nicht immer so unglaublich unter Druck! Was ihr gelegentlich von euch selbst verlangt, ist in manchen Fällen wahrhaft selbstzerstörerisch. Natürlich nicht in allen Fällen, aber es kommt bisweilen immer wieder dazu, wenn ihr die Grenzen eurer natürlichen Kraftreserven überschreitet. Durch den inneren Druck, noch besser und schneller werden zu müssen, immer noch mehr Aufgaben in euren Tagesablauf zu packen und immer mehr in immer kürzerer Zeit zu erledigen, verlernt ihr vollkommen, dem natürlichen Fluss und Rhythmus eures Lebens zu folgen. Ihr fühlt euch dadurch immer gestresster und gefangen wie in einem Hamsterrad.

Werdet euch bewusst, dass dieser Stress und Druck in vielen Fällen ›selbstgemacht‹ ist! Bitte denkt darüber nach, denn wenn ihr euer Leben in ständiger Hektik verbringt, seid ihr weder offen für Impulse eurer Seele und eurer himmlischen Begleiter, noch werdet ihr das Leben führen können, das euch wirklich glücklich macht.

Jeder von euch hat einen eigenen inneren Rhythmus, dem er folgen sollte. Es ist so einfach. Wenn ihr entspannt seid und mit Freude euren Aufgaben nachgeht, dann seid gewiss, dass alles im Fluss ist.

Nehmt euch jeden Morgen ein paar Augenblicke, und richtet euch innerlich bewusst darauf aus, die anstehenden Aufgaben mit Leichtigkeit, Freude und in angemessener Geschwindigkeit zu erledigen. Bittet eure Seele und uns Engel, ja, das ganze Universum, darum, euch dahingehend zu unterstützen.

Schafft euch im Alltag kleine, bewusste ›Atem-Inseln‹. Das sind Momente, in denen ihr ganz bewusst innerlich einen Schritt zurücktretet und tief in eure Mitte atmet. Wenn ihr ruhig atmet, fällt der Stress von euch ab. Macht euch klar, dass die Welt nicht auseinanderfällt, nur weil ihr euch eine kleine Pause gönnt!«

Ich schaue Ben von der Seite an:
»Ich kenne das nur zu gut, ich darf in dieser Hinsicht auch noch einiges lernen.«

»Ja, allerdings«, schmunzelt er.
»Auch wenn man mit viel Begeisterung und Liebe bei der Sache ist, darf und muss man sich immer wieder Pausen gönnen.«

Ben erklärt weiter:

»Es ist auch so, dass ihr, dadurch dass ihr in der Entspannung wieder Kräfte sammelt, konzentrierter bei der Sache seid und so manche Aufgabe viel schneller erledigt, als ihr zuerst angenommen hattet.

Auch hier ist es wichtig, dass ihr es euch erlaubt! IHR müsst den Ton und die Richtung angeben und dürft euch nicht vom Außen lenken lassen. Geht immer nur so weit, wie es sich für euch richtig und passend anfühlt. Steht zu euch selbst und seid es euch wert, harmonisch durch das Leben zu gehen.«

»Durch den ganzen Stress und die Hektik, in die wir uns selbst katapultieren, entsteht doch bestimmt auch die ein oder andere Krankheit. Wenn man permanent entgegen seinem inneren Wohlgefühl lebt, hat das doch auch physische Auswirkungen, oder?«, fällt mir spontan dazu ein.

»Wenn das ›Kind nun bereits in den Brunnen gefallen ist‹, sprich wir durch die permanente Überschreitung unserer persönlichen Grenzen körperliche Krankheiten oder Beeinträchtigungen angezogen haben, wie können wir, z.B. mithilfe unserer Engel, da wieder herauskommen?«

Aktiviert eure Selbstheilungskräfte

Wir sind unterdessen an einem wunderschönen, kleinen Springbrunnen angekommen und bestaunen gerade das faszinierende Spiel des sprudelnden Wassers.

»Wir versuchen natürlich immer, euch dahingehend zu inspirieren, dass es erst gar nicht so weit kommt. Aber das ist, wie schon gesagt, nicht so einfach, wenn ihr vor lauter Überbeanspruchung nicht mehr in der Lage seid, zuzuhören und unsere feinen Signale wahrzunehmen. Körperliche Schmerzen und Krankheiten sind dann die letzte Instanz, um zu sagen: HÖR MIR ZU! Es gibt durchaus Menschen, die auch dann noch nicht zuhören. Doch die meisten hinterfragen spätestens an diesem Punkt, was in ihrem Leben nicht optimal verläuft.

Der erste Schritt ist innezuhalten, hinzuschauen und hineinzuspüren. Wenn ihr dann ehrlich zu euch selbst seid – ihr wisst ja jetzt, was ich meine –«, merkt Ben an, »dann ist es Zeit für euch, eine Entscheidung zu treffen. Möchtet ihr etwas verändern? Dann entscheidet euch dazu, wieder mehr Harmonie und Gesundheit in euer Leben einzuladen.

Gebt die Verantwortung dabei nicht an uns, an Gott bzw. die göttliche Quelle ab. IHR seid die Schöpfer! Wir sind nur dazu da, euch in eurer Wahl zu unterstützen! Kommuniziert mit eurem Körper, seht ihn als euren verlässlichen

Freund an, der euch durch euer derzeitiges Leben trägt. Er hört auf euch, nimmt euch wahr und reagiert sofort auf eure Gedanken und Gefühle. Euer Körper ist nie euer Feind, im Gegenteil, er wünscht sich ein gesundes, gemeinsames Leben in Leichtigkeit und Freude. Fragt euren Körper, was er sich wünscht: mehr Ruhe und Schlaf, Entspannung oder eventuell körperliche Bewegung. Ihr werdet auch von ihm Hinweise und Impulse bekommen. Seid achtsam, wenn ihr Heißhunger auf bestimmte, gesunde Lebensmittel bekommt. Diese enthalten Vitalstoffe, die euer Körper jetzt besonders braucht!

Wenn ihr tief greifendere Hilfe benötigt, fasst zuerst den Entschluss zur nötigen Veränderung. Bittet dann euren Körper, eure Engel, die göttliche Quelle und das Universum um Hilfe. Verabschiedet euch von eurer Opferrolle! Ihr erkrankt niemals zufällig an etwas, sondern führt dies immer durch ein bestimmtes Verhalten oder eine Entscheidung auf der Seelenebene – so ist es z.B. auch bei kranken kleinen Kindern – herbei. Seid gewiss: Nichts, was euch geschieht, soll euch bestrafen! Im Gegenteil, durch eure eigene Schöpferkraft tragt ihr bereits immer und jederzeit die Lösung für eure Krankheiten und Probleme in euch. Ob ihr den Weg der Genesung geht und er zu eurem Seelenplan passt, liegt an euch. Doch macht niemals etwas oder jemanden im Außen dafür verantwortlich.

Wenn ihr möchtet, öffnet euch gegenüber heilenden Energien, aktiviert vor allem eure Selbstheilungskräfte und erlaubt eurem Körper, wieder heil zu sein. Sobald ihr dies aus vollem Herzen tut, kann sich etwas verändern und Heilung geschehen. Und wir, eure Engel, sorgen dann dafür, dass ihr auf die für euch passenden Behandlungsmethoden, Therapeuten, Heilpraktiker oder Ärzte aufmerksam werdet. Wir führen euch zu Menschen, Büchern und Veranstaltungen, die dazu da sind, das Wissen in euch weiter zu aktivieren. Wir führen euch zu helfenden Händen und Seelen.

Denn auch wenn ihr selbst die Verantwortung für euer Wohlergehen tragt, so müsst ihr doch nicht alles alleine bewältigen. Ihr könnt im Zusammensein mit anderen Heilung und ein gesundes Sein entfalten, damit die Energie in eurem Leben wieder so frei und fröhlich vor sich hin sprudeln kann wie das Wasser in diesem Springbrunnen«, sagt Ben, während er mit dem Wasser im Brunnen spielt.

Ehe ich mich versehe, beginnt eine kleine Wasserschlacht zwischen uns. Wir kichern wie die Kinder, und eine ganz leichte und unendlich fröhliche Energie breitet sich um uns herum aus.

Um Himmels willen – Habt Spaß!

»Ich glaube, ich hatte es schon erwähnt, aber weil es so wichtig ist, möchte ich doch gerne noch einmal darauf hinweisen«, ruft Ben mir zu, während wir uns um den Brunnen jagen und versuchen, den jeweils anderen immer wieder nass zu spritzen.

»Egal, was ihr tut, um Himmels Willen – habt Spaß dabei! Gönnt euch den größten Spaß eures Lebens, völlig egal, um was es sich handelt, solange euer Herz dabei lacht! Wir Engel haben auch immerzu unseren Spaß und necken uns gegenseitig. Wir sind keine ernste Truppe, sondern lieben es, zu lachen und zu feiern, müsst ihr wissen! Bitte lasst all das, was euch keine Freude mehr macht, alles, was sich schwer anfühlt in eurem Leben, los! Sucht bewusst den Spaß und die Lebensfreude, gönnt euch jeden Tag eine Riesenportion davon. Das wünschen wir jedem Einzelnen von euch!«

»Du meine Güte, ich wusste nicht, worauf ich mich einlasse, als ich mich zu einem Interview mit DIR traf«, rufe ich Ben über meine Schulter zu, während ich versuche, ihm über die nächste Blumenwiese zu entkommen. Natürlich holt er mich in null Komma nichts ein. Der Schlawiner hat ja auch ganz andere Fähigkeiten!

Als wir uns langsam von unserem ständigen Kichern und dem daraus resultierenden Lachanfall erholen, nimmt mich Ben wieder in den Arm. Es ist eine so intensive Umarmung, so vertraut und innig, tröstlich und wunderbar zugleich, dass ich schlucken muss. So viel Liebe …

Wir bleiben eine ganze Weile so stehen, und ich merke, wie es in meinem Inneren ganz warm und weich wird. Ich spüre, dass unsere Herzen im Einklang sind, und wie sie ein großes Feld voller Liebe erschaffen. Die Tränen laufen mir über die Wangen, weil ich mich so tief berührt fühle.

»Ben«, flüstere ich, »so eine Umarmung wünsche ich allen, die dies hier gerade lesen!«

»Ja Liebes, dem schließe ich mich an«, antwortet Ben. »Eine solche Engel-Herzensumarmung zum Nachmachen lassen wir am Ende des Buches mit einfließen. Jeder kann sie dann ganz einfach selbst durchführen, was meinst du?«

»Ich glaube, das ist eine ganz wunderbare Idee, mein Lieber«, bedanke ich mich bei Ben.

Ich drücke ihn noch einmal fest und löse mich dann langsam aus seiner Umarmung. Lächelnd sehen wir einander an.

»Wir sind mit unserem heutigen Interview am Ende ange-langt, nicht wahr?«, frage ich ihn und bin ein wenig traurig, denn ich hätte noch ewig weiterfragen können.

»Ja, Sonnenschein, das sind wir! Aber das ist ja erst der Anfang! Denn nun sind all jene, die diese Zeilen lesen, aufgefordert, nun ihrerseits ihren Engeln Löcher in die Bäuche zu fragen! Sie warten nur darauf …

Daher nun eine ganz persönliche Botschaft an DICH, die/der gerade jetzt dieses Buch in Händen hält:

Auch DU kannst dich mit deinen Engeln unterhalten! Glaube nicht, dass dies nur einigen ausgewählten Men-schen vorbehalten ist! Deine Engel möchten mit dir re-den und dich an ihrer Liebe teilhaben lassen. Es kann sein, dass dein Engel dir in einer Meditation oder in der Stille erscheint und du ein wirkliches Gespräch wahrneh-men kannst. Genauso kann es aber auch sein, dass dein Engel mit dir über Dinge im Außen wie Bücher, Filme, Pla-kate, Gespräche von anderen Menschen oder Ähnliches kommuniziert! Oder über Gefühle oder innere Bilder. Es gibt unendlich viele Wege, wie ihr miteinander sprechen könnt, und für jeden ist der richtige dabei.
Sei einfach offen und empfänglich. Begrenze dich nicht, indem du denkst, du würdest dir alles nur einbilden. Ver-traue deinen inneren Impulsen, und taste dich Schritt für Schritt vor.

Sei dir gewiss: Ein Engel gibt dir immer ein gutes Gefühl, ein Gefühl der Liebe. Er macht dir keine Vorschriften, und er verurteilt dich nicht. Wenn das, was du wahrnimmst, der Liebe entspringt, dann kannst du sicher sein, dass es aus der lichten Welt deiner geistigen Begleiter kommt.

Damit du schon einmal ein Gespür dafür bekommst, wie dein Engel sich anfühlt bzw. wie deine Engel aussehen, lade ich dich herzlich ein, bei der folgenden Übung mitzumachen.«

Ich verneige mich vor Ben und bedanke mich bei ihm für die Zeit, die er mit mir und euch verbracht hat:

»Es gibt keine Worte der Dankbarkeit, die dem gerecht werden, was du uns hier vermittelt hast, mein geliebter Freund. Aber ich bin sicher, du spürst die unendliche Dankbarkeit, die von meinem Herzen zu deinem fließt.«

»Ja, das tue ich, meine Liebe, und ich danke euch für euer Dasein und eure offenen Herzen. Bitte denkt daran, dass wir immer bei euch sind!«

Übung: Engel-Herzensumarmung

Liebe Leserin, lieber Leser,

ich freue mich, dir hier nun also, inspiriert von meinen Engeln, eine kleine Übung mit an die Hand zu geben, mit der du deine Engel intensiver wahrnehmen und spüren kannst.

Sei dabei bitte ohne große Erwartungen. Probiere es einfach aus.

Wenn es dir am Anfang noch schwerfällt, habe Geduld mit dir. Du kannst die Übung jederzeit wiederholen. Deine Engel kennen dich sehr gut und wissen, ob es dir leicht- oder schwerfällt, dich auf diese Kommunikation einzulassen.

Nimm dir bewusst Zeit für eine Begegnung mit deinen Engeln. Sorge dafür, dass du während dieses »Rendezvous« mit deinem Engel-Team weder durch deine Familie, deine Freunden, noch durch einen Anruf oder andere Ablenkungen gestört wirst.

Suche dir einen Ort aus, an dem du dich vollkommen sicher und geborgen fühlst. Das kann das Bett in deinem Schlafzimmer sein oder auch ein behagliches Sofa. Du kannst auch hinaus in den Garten oder an einen anderen Ort in der Natur gehen, wenn du solch einen schönen, ungestörten Ort kennst, an dem du dich wohlfühlst.

Wenn du angekommen bist, setze oder lege dich bequem hin, sodass dich nichts einengt und du nicht frierst. Es darf und soll ruhig kuschlig sein, ein kleines Wohlfühl-Nest sozusagen. Schließe nun deine Augen, und atme eine Weile tief durch die Nase ein und durch den Mund wieder aus. Mache dies so lange, bis du dich richtig entspannt fühlst. Halte Gedanken, die dir kommen, nicht fest, sondern lasse sie einfach durch dich hindurchfließen.

Bitte nun den Schutz- und Begleitengel, der dir in diesem Leben am nächsten ist, zu dir zu kommen. Sage ihm, dass du ihn gerne näher kennenlernen und vor allem auch spüren möchtest.

Gib dir nun die Zeit und den Raum, genau zu fühlen, was du wahrnimmst. Es kann sein, dass sich die Temperatur um dich herum verändert, dass du einen Geruch wahrnimmst oder dass du vor deinem inneren Auge etwas siehst. Lass dich ganz auf deine Wahrnehmungen ein. Schaue, ob du im Inneren etwas von deinem Engel hörst. Manche Engel singen uns etwas vor, um uns zu beruhigen. Manche umhüllen uns mit einer tröstlichen Energie. Habe keine Angst. Dein Engel ist dein bester Freund, der dich sehr gut kennt und dich vor allem bedingungslos liebt. Vielleicht möchtest du beim ersten Versuch nur einmal seine Energie um dich herum spüren. Das ist absolut in Ordnung. Manchmal braucht es etwas Zeit, um sich dieser so unendlich liebevollen Energie zu öffnen.

Wenn du dich nach mehr Engelenergie sehnst, kannst du deinen Engel um eine innige Herzensumarmung bitten. Entspanne dich dafür einfach und lasse zu, was geschehen möchte. Dein Engel wird dir mit seiner ganzen Energie und vor allem mit seiner tiefen Liebe näherkommen und dich umarmen. Kuschele dich in seine Arme, lass dich von seinen Flügeln umfangen – wenn dein Engel in deiner Vorstellung Flügel besitzt – und genieße die intensive und tiefe Umarmung eurer Herzen.

In dieser Umarmung bist du absolut sicher! Nichts kann dir geschehen. Deine Gefühle und deine Liebe sind in den allerbesten Händen. Du kannst dein Herz ganz weit öffnen, ohne dabei Angst haben zu müssen, verletzt zu werden, denn dein Engel würde dich nie verletzen.

Bleibe so lange in dieser Umarmung, wie es sich für dich gut anfühlt. Lasse die Energie durch dein Herz strömen, lasse sie dann durch deinen ganzen Körper und durch dein Sein fließen.

Es kann zuweilen vorkommen, dass du das Gefühl hast, dich in diesem Gefühl aufzulösen – keine Bange, das ist absolut normal. Spüre einfach die tiefe Geborgenheit und unendliche LIEBE deines Engels. Höre, was er dir zuflüstert, er ist der Überbringer der göttlichen Liebe, die zu jeder Zeit für dich zur Verfügung steht.

Genau diese unfassbar tiefe Liebe ist immer für dich da! Ausnahmslos!

Du kannst diese Herzensumarmung so oft erleben und wiederholen, wie du möchtest. Deinem Engel wird es niemals zu viel! Im Gegenteil, er freut sich, wenn du sie immer wieder in Anspruch nehmen möchtest.

Jedwede Gelegenheit ist dafür geeignet. Warte nicht so lange, bis es dir nicht gut geht und du Trost brauchst. Baue die Umarmung stattdessen in ein morgendliches und abendliches Ritual ein, wenn dir danach ist.

Wenn die Zeit reif ist, löse dich aus der Umarmung deines Engels und bedanke dich bei ihm. Jetzt, in dieser nahen Verbindung, kannst du dich noch ein wenig mit ihm unterhalten, wenn du Fragen hast. Dein Herz ist nun weit, offen und empfänglicher als sonst.

Du kannst deinen Engel fragen, ob er dir einen Namen nennt, mit dem du ihn anreden kannst, oder du gibst ihm einfach selbst einen Namen. Vielleicht kennst du ihn auch schon.

Alles ist erlaubt, folge einfach deinen spontanen inneren Impulsen.

Dein persönliches Engelteam

Wenn du neugierig bist und Lust dazu hast, dann kannst du jetzt außerdem deinen Schutzengel bitten, dein ganzes Engelteam für dich spürbar zu machen.

Bleibe einfach währenddessen in deiner liebenden und gelösten Energie und schaue, was sich ergibt. Vielleicht kannst du im Inneren etwas sehen, vielleicht fühlst oder hörst du auch etwas. Manche Menschen erhalten ihr Feedback auch, indem sie plötzlich unterschiedliche Energiesignaturen bemerken. Jeder Mensch ist verschieden, daher bleibe einfach offen.

Und sei nicht enttäuscht, wenn du beim ersten Mal noch nichts erfassen kannst, versuche es dann einfach ein anderes Mal erneut.

Wenn sich deine persönliche Engelzeit dann seinem Ende nähert – vielleicht weil du etwas die Konzentration verlierst –, bedanke dich von Herzen für die liebevollen Erfahrungen und verabschiede dich. Mach es so, wie du dich auch bei einem Treffen mit lieben Freunden verhältst, denn nichts anderes sind deine Engel: deine engsten Freunde!

Nachwort

Wie du inzwischen sicherlich bemerkt hast, ist dieses Engelbuch etwas anders als die vielen anderen Bücher, die es bereits über Engel gibt. Meinen Engeln und mir lag es einfach am Herzen, dass wir neben all den anderen, wahrlich wunderbaren Büchern über unsere himmlischen Begleiter etwas ganz Bodenständiges und wirklich Herznahes erschaffen. Es ist in dieser Zeit wichtig, dass wir lernen, andere Wesen (UND Menschen) nicht mehr über uns selbst zu erheben. Dass wir lernen, selbst unseren Platz einzunehmen, den Platz eines wunderbaren, schöpferischen Wesens, das wertvoll und liebenswert ist. Denn all dies sind wir!

Wir dürfen und sollen wieder erkennen, wer wir wirklich sind. Und das kann nur geschehen, wenn wir auch die Engel als unsere nächsten Freunde, Weg- und Seelenbegleiter annehmen. Dann können wir ihnen auf Augenhöhe begegnen und uns in ihrer Liebe wiederentdecken.

Wenn wir dich mit diesem Büchlein ein wenig dazu inspirieren konnten, wenn wir dein Herz berühren und nachhaltig öffnen durften, ist unsere Freude unbeschreibbar groß.

Bist du aufmerksam und offen, findest du in den Zeilen dieses Buches nicht nur Worte. Du findest Energien voller LICHT und LIEBE. Sie sind pur und rein, ohne viel Federlesens zu machen, einfach für DICH aus der göttlichen Quelle allen Seins. Du kannst jederzeit in den Zeilen und Bildern dieses Buches auftanken, wenn dir danach ist.

Du weißt, dass du, auch während du dies liest, nicht einen Augenblick alleine warst, nicht wahr? Kannst du in dieser Sekunde den Engel an deiner Seite fühlen? Spürst du seine Liebe?

Erlaube dir, berührt zu werden.
Immer und immer wieder, bis dein übervolles Herz sich in die Welt ergießt, um andere an deiner Liebe teilhaben zu lassen.

Das wünsche ich dir von ganzem Herzen!

In Liebe
Shayana

P.S. Wenn du mir erzählen möchtest, wie dir dieses Büchlein gefallen hat, ob du deine Engel wieder vermehrt in dein Leben eingeladen und was du sonst durch dieses Buch erlebt hast, freue ich mich jederzeit auf ein Feedback von dir unter
info@dolphins-dreamdesign.de

Danksagung

Neben all den wunderbaren Menschen an meiner Seite, ohne die ich nicht dort wäre, wo ich heute bin und einem einzigartigen Verlag, der von Heidi und Markus Schirner mit viel Liebe geführt und durch viele fleißige und tolle Mitarbeiter-Hände unterstützt wird, damit wir Autoren unsere Werke in die Welt hinausbringen können, möchte ich dieses Mal vor allem einem Wesen danken: meinem Engel Ben!

Ohne dich wäre dieses Buch nicht so liebevoll und besonders geworden. Ohne dich hätte ich viele Erfahrungen in meinem Leben nicht so unbeschadet überstanden. Ohne dich und deine Liebe würde ich mich sicherlich nicht so geliebt und geborgen fühlen, wie ich es heute tue.

DANKE dafür, dass du mich immer wieder so innig berührst, dass wir gemeinsam den Menschen die Liebe näherbringen dürfen. Danke dafür, dass du mich zum Lachen und zum Weinen bringst – und das manchmal sogar in ein und derselben Sekunde! Ich danke dir, dass du mich immer wieder an mich selbst erinnerst, damit ich nicht vergesse, wer ich bin.

In tiefer Liebe und Dankbarkeit
Shayana

Über die Autorin

Gaby Shayana Hoffmann wurde 1968 in Zürich (Schweiz) geboren und lebt seit 1999 in Deutschland. Nach einer beruflichen Laufbahn im kaufmännischen Bereich hat sie seit 2002 ihre Berufung u.a. in der Erschaffung spiritueller Kunstwerke gefunden, die unter dem Namen »Dolphins DreamDesign« bereits weltweit bekannt und beliebt sind.

Ihre lichtvollen Mandalas, Lichtwesen- und Energiebilder sowie deren Botschaften sind herzöffnend und berühren tief in der Seele.

Mit ihren Kunstwerken, Kartensets und Büchern inspiriert sie den Betrachter und Leser zu einem glücklichen und befreiten Leben und erinnert ihn in vielen unterschiedlichen Facetten daran, welch wunderbares und einzigartiges Wesen er selbst ist und dass jeder Mensch von Liebe und Wundern umgeben ist.

Mehr von der Autorin und Künstlerin finden Sie unter: www.dolphins-dreamdesign.de

Bildnachweis

Alle Bilder in diesem Buch sind Kunstwerke von Gaby Shayana Hoffmann, die teilweise auch im Kartenset »Himmlische Lichtbegleiter« erschienen sind.

Die Bilder sind außerdem über die Künstler-Webseite www.dolphins-dreamdesign.de in verschiedenen Formaten und auf verschiedenen Trägermaterialien erhältlich:

S. 10 »Meine Engel erfüllen mich mit tiefster Liebe«
S. 15 »Folge deinem Ruf«
S. 22 »Lichtvoller Segen«
S. 30 »Der Engel der Kreativität«
S. 39 »Der Engel des Annehmens«
S. 46 »Der Engel der Unschuld«
S. 54 »Aus Licht geboren«
S. 58 »Dein Schutzengel«
S. 69 »Der Engel der Ruhe«
S. 75 »Der Engel des Gebets«
S. 83 »Lady Nada´s Quelle der Liebe«
S. 88 »Ich atme die bedingungslose Liebe des Lebens«

Gaby Shayana Hoffmann
Das kleine feine Buch der Elfen und Feen
ISBN 978-3-8434-5117-8

Gaby Shayana Hoffmann
Das kleine feine Buch der Drachen
ISBN 978-3-8434-5097-3

Gaby Shayana Hoffmann
Himmlische Lichtbegleiter
Kartenset
ISBN 978-3-8434-9045-0

Gibt es Feen und Elfen wirklich? Und wie fühlt es sich an, einem Drachen zu begegnen? Das hat sich die Autorin und Künstlerin Gaby Shayana Hoffmann gefragt. Innovativ, alltagsnah und mit viel Humor bringt Sie dem Leser die Welt der Himmlischen Lichtbegleiter nahe. Neben ihrem gleichnamigen Kartenset schenken die Titel ihrer »Kleinen feinen Reihe« wahre Glücksmomente und zahlreiche Übungen zur Verbindung mit den verschiedenen Lichtwesen!